AF381724

David Quadri

CHEMINEMENT DE VIE

De la naissance à la renaissance

Recueil de poésies

À mes proches,

À mes soutiens.

Naître pour mieux s'émanciper

Premiers pas

Dans le cocon chaud du ventre maternel
La vie bourdonne, mystérieuse et nouvelle
À travers les parois de chair et de sang
Elle grandit, se forme lentement.

Dans cette bulle protectrice
Elle se sent libre, elle se développe
Elle se prépare à la vie, à l'aventure
Mais l'impatience la gagne.

Vient le jour de la naissance
Un instant unique empli de puissance
Où la vie se révèle dans toute sa splendeur
Un miracle sacré, une grâce sans pudeur
Le premier souffle émerge, fragile et léger
Elle devient réalité.

Dans les bras des parents aimants
Elle ressent la chaleur réconfortante
La douceur de leur amour enveloppant
Qui la protège et la rassure constamment.

Chaque lendemain est une découverte
De nouveaux sons, odeurs, sensations offertes
Dans ce monde immense et fascinant
Où elle s'épanouit doucement.

Le temps s'écoule lentement

Premiers pas timides, mais remplis de courage
Insouciance légère due à son âge
Protection rassurante, d'un amour sans faille
Qui enveloppe la petite fille de son doux cocon de paille.

L'école devient un lieu de toutes les aventures
Un terrain de jeux où les rires, les peurs et les murmures
Se mêlent aux enseignements, aux savoirs et aux cultures
Où l'imagination n'a pas de limites ni de censures.

Dans l'instant des révélations soudaines
Son âme éblouie embrasse la scène
Émerveillée, elle contemple, émue
Chaque forme qui se profile, chaque venue.

C'est l'ère bénie de l'innocence
Elle est protégée par la bienveillance
Elle ignore la méfiance
Elle peut croire en tous les miracles de l'existence.

L'enfance, où le temps s'écoule lentement
Et où l'on ne connaît pas de tourments.

Le temps des premières fois (Part.1)

Adolescence, temps des premières fois
De la nubilité et de la transformation
Où la peur de flirter se mêle aux choix
De trouver sa voie.

Son corps change, sa voix mue
Des sensations nouvelles, des émotions inconnues
Sa timidité qui côtoie l'envie d'aller plus loin
De se découvrir soi-même, de s'émanciper, enfin.

Ses premiers émois amoureux
Ses premiers débats houleux
Elle se bat pour comprendre qui elle est
Malgré les craintes qui peuvent la submerger.

Adolescence, temps des contradictions
Entre l'insouciance et une ébauche de maturité
Où se mélangent les doutes et les convictions
Les désirs de liberté, les besoins de sécurité
C'est le moment de s'accepter
D'écrire sa propre histoire sans se préoccuper.

Le temps des premières fois (Part.2)

Elle se faufile dans la nuit, telle une ombre fugace
Déterminée, elle franchit sans bruit la fenêtre
Elle fait le mur, la voilà qui s'élance
Pour rejoindre cette fête qu'elle attendait tant.

Sous le vent frais
Elle se sent vivante
Elle se glisse dans les rues comme une colombe
À la recherche de cette soirée étincelante.

Elle s'avance, les lèvres ourlées de rose
Un parfum enivrant flotte dans son sillage
Sa robe blanche s'envole, légère comme une pose
Son regard envoûtant hypnotise les garçons si sages.

Elle suit le son, le rythme, les voix
Elle s'approche doucement de la joie
La musique opérant
Elle ne pense qu'à l'instant présent.

Mais au petit matin, quand la fête est terminée
Elle doit rentrer, la peur au ventre, le cœur serré
Elle redevient l'adolescente interdite
Qui a enfreint pour une nuit de liberté.

Mûrir

Mûrir est un voyage en soi
Un chemin parsemé d'épreuves et de joies
Une lente transformation de l'être
Qui l'amène à mieux s'intégrer.

Mûrir, c'est un temps de réflexion
Où elle apprend à écouter sa raison
À laisser s'affiner son esprit
Avant l'arrivée de la plénitude dans sa vie.

Mûrir, c'est accepter patiemment
De cultiver les graines des rêves les plus ardents
De les arroser avec persévérance
Pour qu'ils grandissent avec force et assurance.

Mûrir, c'est comme une fleur qui s'épanouit
C'est une mutation douce et subtile
Comme une chenille qui devient papillon
Qui l'oblige à suivre d'autres sillons.

Mûrir, c'est plonger au plus profond de soi
Se connaître sans fard, embrasser ses choix
C'est s'affranchir des préjugés et des craintes
Tout en traçant des chemins inédits, sans contraintes.

Mûrir, c'est l'aube qui se lève
Doucement, sans faire de bruit
C'est un changement qui s'achève
Un pas de plus vers la vie.

Aimer pour palpiter

Mots prisonniers

Le contempler danser
Envoûtant, tel un souffle léger
Son déhanché gracile
Sa chemise qui épouse chaque courbe, subtile.

Elle se fait discrète, observant en silence
Son cœur s'emballe, emporté par la cadence
Lui est porté par la musique qui l'entoure
Et elle, spectatrice muette, le contemple en retour.

Ses pensées sont des flammes dans le noir
Emportant son âme vers l'espoir
Elle est l'admiratrice qui ne se dévoile pas
C'est comme cela que leur histoire se dessine, pas à pas.

Dans l'ombre de son charme, elle se consomme
Au plus profond de son être, elle assume
Qu'il est l'essence même de ses désirs
Elle pourrait rester ainsi jusqu'à son dernier soupir.

Un jour peut-être, le courage lui sourira
Et elle dira tout, sans craindre le trépas
Alors danse, emporte-la avec toi
Même si ses mots restent prisonniers.

À l'orée du bois

À l'orée du bois, dans le calme apaisant
Il a pensé à elle, douce présence enivrante
Son cœur ému s'est mis à palpiter
Son âme s'est mise à rêver.

Au remue-ménage de la vie, il lui est apparu
Comme un phare dans l'obscurité
Son sourire, ses yeux, son rire, son aura
Ont illuminé son chemin, la conduisant vers la clarté.

Des regards échangés à la dérobée
Ont scellé un pacte de complicité
Et dans cet écrin de nature bienfaisante
Elle s'est épanouie sans bruit.

À l'orée du bois, leurs cœurs ont fusionné
Et dans cette alchimie de sentiments
Ils ont trouvé l'harmonie parfaite
Même si la vie peut sembler parfois imparfaite.

À l'orée du bois
Les feuilles dansent doucement
Au rythme du vent
Les arbres bruissent de mille chuchotements
Ils se sentent tellement vivants
Leur amour s'ancre dans le temps.

Sans heure

Sans heure, elle regarde l'eau couler
La rosée perler sur l'herbe, comme des diamants
Dans ses pensées elle entend son chant
Elle en est transportée.

Comme l'aube qui se lève sans répit
Il envahit son esprit
Il est la source de ses inspirations les plus belles
La vie prend des teintes éternelles.

Sans heure, elle se perd dans ses yeux
Elle ne veut connaître mieux
Elle le voit comme une étoile filante
Et dans ses bras, elle est comme une enfant
Qui ne craint plus rien, ni le vent
Ni même le temps.

Sans heure, elle l'admire, fascinée
Elle est enfin comblée
Son âme est submergée
Comme une mésange qui retrouve sa liberté.

Sans heure, elle contemple le ciel étoilé
Et elle sent son cœur s'emballer
Elle laisse son imagination vagabonder
À ses côtés, elle ne cesse d'exister.

La chambre d'hôtel

Elle s'enfuit à bord du train, ignorant sa destination
Un désir d'évasion emplissait son horizon
Elle fuyait la routine et sa peine, sans se retourner
Afin de dénicher un havre de paix pour respirer.

Elle s'est retrouvée dans la chambre d'un hôtel prestigieux
Contemplant la cité qui, telle une muse, l'appelait à la fois
mystérieuse
Au milieu de cette énigme, elle a discerné la clé
Le lieu où elle voulait se retrouver, éprise de vérité.

Elle s'est perdue dans les rues animées
À chercher un endroit pour se poser
Mais elle n'a trouvé que des visages étrangers
Jusqu'à ce que ses yeux croisent les siens, familiers.

Ils ont partagé des moments inoubliables
Dans cette chambre incroyable
Ils ont goûté à de libres étreintes
Soulagés d'être enfin sans contraintes.

Ils se sont retrouvés dans une chambre d'hôtel
À contempler la ville qui les appelle
Ils pouvaient savourer leur amour
Tel un diamant éternel.

Merveilleuse allégresse

Dans son ventre rond, elle sent la vie palpiter
Un miracle d'amour grandit à chaque moment
Elle tient la main du futur papa, joyeuse et tremblante
Alors que la délivrance approche doucement.

Ce premier enfant, fruit de leur passion
Est sur le point de voir le jour se lever
Ils sont remplis d'ivresse et d'émotion
L'allégresse se lit sur leurs visages ensoleillés.

Elle caresse son ventre, heureuse
La vie en elle se dénoue
Les pleurs de bonheur s'épanchent
Et l'amour maternel s'étanche.

Dans un instant, ils seront un trio
Unis par un amour qui éclot, tel un tableau
Puis elle chérit, câline son cher bébé
À tout jamais, les voilà transformés.

Amour maternel

Dans le rôle sacré de mère, elle s'élève
Tel un phare guidant une passion qui se révèle
Elle porte en son cœur un courage incommensurable
Pour son enfant, elle est là, inébranlable.

Les nuits sans sommeil, elle les embrasse
Berçant son enfant avec une affectueuse audace
Ses bras sont un abri de chaleur
Où les étoiles veillent en douceur.

Elle prodigue des échos comme des caresses
Un hymne d'amour, une douce tendresse
Chaque phrase, une mélodie qu'elle adresse
Les mots qui guérissent et apaisent les détresses.

Dans ses yeux brille une flamme infinie
Une adoration qui grandit
Elle est la force qui jamais ne se dément
L'étoile filante qui éclaire chaque instant.

Et lorsque l'enfant lève ses ailes d'indépendance,
Elle est là, source de confiance
Dans son être, un mélange d'émotions
Fière d'avoir accompagné sa progression.

Grands-parents

Ils sont les gardiens de son histoire
À tout jamais ancrés dans sa mémoire
Des êtres qui l'ont vue grandir
Et leur lien n'a cessé de s'épanouir.

Leur visage ridé raconte le temps passé
Les souvenirs qu'ils ont emmagasinés
Ils ont tant donné sans compter
Ils sont sa fierté.

Ils racontent leur vie d'autrefois
Les moments de joie
Les peines et les combats
Ils l'accompagnent dans ses tracas
Ils sont un refuge où elle se sent en sécurité
Un bonheur qu'elle ne pourra oublier.

Leur amour, comme une étoile qui brille
Leur sagesse, comme un trésor inestimable
Leur présence, comme un baume insaisissable
Illuminent sa vie de mille bulles qui pétillent.

Un émerveillement infini

Dans la beauté divine de la nature
Se cache une force éternelle et pure
Une symphonie de couleurs et de sons
Où chaque note est un appel à la contemplation.

La surprise se révèle en présence constante
Dans les éclats de lumière, jeux de l'air, elle enchante
Les reflets miroitants des rivières, rémanence
Elle se prélasse en transparence.

Sa passion envers la nature est une évidence
Une étreinte de l'âme à l'univers tout entier
Une communion profonde et mystique
Où elle se perd pour mieux se retrouver.

Le ciel est une œuvre en constante évolution
Où les nuages sont les pinceaux divins
Et le soleil, le maître coloriste
Artisan d'une fresque chaque jour différente.

Dans les bois sombres et les prés verdoyants
Dans les vagues, les cieux étoilés
Dans chaque parcelle de cette terre bénie
Son amour de la nature est un émerveillement infini.

L'Amie

Elles se sont croisées un jour de hasard
Qui a tout a changé
Leur amitié est née, sans un retard
Et depuis, elle n'a jamais flanché.

Elles ont partagé tant de moments incroyables
Leur amitié est devenue un trésor inestimable
Elle est comme un jardin fleuri
Où la nature s'épanouit en harmonie.

Chacune nourrit l'autre de ses sourires
Les ennuis sont vite oubliés, sans se dire
Leurs rires, comme des échos
Résonnent dans les souvenirs clos.

Dans leur regard, une compréhension
Une affection sans condition
Leur amitié, comme une évidence
Une force dans leur existence.

Parfois ne rien se raconter
Parfois pleurer
Parfois tisser des projets
Parfois s'enivrer, telle est leur amitié.

Le temps peut passer
Les chemins se séparer
La Terre trembler
Leur amitié restera toujours gravée.

Lutter pour se forger

Enchaînée

Assise elle regarde défiler sa vie
Elle s'abandonne à quelques pardons, à quelques soupirs
Elle a tant connu de joies et de mépris
Elle croit que plus rien n'est possible, c'est passé, c'est fini.

Les souvenirs la hantent
Ils reviennent sans cesse la tourmenter
Elle n'a su leur dire au revoir
Les regrets l'envahissent
Elle aurait aimé vivre autrement
Prendre des chemins différents
Mais cela semble trop tard maintenant.

Pourtant, quelque chose en elle a refusé
De se laisser sombrer dans cette nuit noire
Dans cette vie qui la ronge et l'enchaîne
Comme un piège dont elle ne peut s'échapper.

Malgré les doutes qui persistent
Les peurs qui la guettent, le mal être qui la consume
Elle lutte pour briser ses liens
Pour s'extirper de cet enfer qui la retient.

Elle a cette flamme qui ne s'éteint jamais
Cette étincelle de vie qui ne faiblit jamais
Qui lui donne le courage pour avancer
Même lorsque le chemin est très escarpé.

C'est sa force intérieure ancrée dans ses gènes
Qui brisera ses chaînes
Qui la portera vers le soulagement
Et l'apaisement.

Confinée (Part.1)

Elle n'attend que toi
Dans ce monde jeté dans l'effroi
Sans savoir jusqu'où attendre
Elle est dans l'obligation de dépendre
Privée de liberté
Elle est immobilisée
Confinée.

La pensée pour seule compagnie
Les mots pour seul traitement
Elle en use pour sortir de cette mélancolie
Ils se déploient dans son cœur magistralement.

Les fantômes errent dans la maison
L'absurde espoir venant de la télévision
En attendant de s'extirper de ce tourbillon
Elle imagine son visage comme une transfusion.

Elle n'arrive plus à lire
C'est son ennui qui tourne les pages
Elle ne cesse d'écrire
Pour éviter tout dérapage.

À travers le miroir
Elle se regarde sans se voir
Elle doit garder la foi
Privée de liberté
Confinée.

Confinée (Part.2)

Elle fait un kilomètre dans un sens
Elle fait un kilomètre dans l'autre sens
Sans jamais dépasser
Sous peine de se retrouver dans cinq mètres carrés.

Le virus en toute impunité
Comme s'il était testé
Se balade à travers l'humanité
Jusqu'au jour où ils auront décidé…

La fin est sans cesse repoussée
Pour tester nos capacités
À endurer
Notre privation de liberté.

Les rues sont vidées
Les animaux de compagnie réhabilités
Les maisons remplies de non essentiels
Il n'y a jamais eu autant d'achats de matériel

Elle fait un kilomètre dans un sens
Elle fait un kilomètre dans l'autre sens
Toujours masquée
Sous peine de se retrouver dans cinq mètres carrés.

Ne plus se différencier, ne plus se parler, s'éviter
Surtout ne pas se toucher
Quand tout cela est ancré
Nous pouvons apprécier d'être manipulés.

Tu n'es pas

Tu n'es pas celle
Tu n'es pas telle
Que tu présentes
Que l'on se représente.

Austère et fermée à l'extérieur
Joyeuse et libérée à l'intérieur
Une dualité si compliquée
Une carapace à se débarrasser.

Ton cœur est oppressé
Le code de ton bunker verrouillé
Tu ne veux plus de ces personnages
Tu ne veux plus de ces visages
Qui sont des masques figés
Que l'on t'a imposée.

Tu ne supportes plus de te cacher
Tu attends celui qui te fera vibrer
Pour enfin être celle
Pour enfin être telle
Que tu es.

Face à face

Face à face, par reflet de l'eau
Elle se contemple, elle se voit
Elle scrute son visage
Elle cherche une explication sage.

Elle cherche en elle la vérité
Elle veut comprendre, s'expliquer
Et face à face avec son reflet
Elle trouve la force d'avancer.

Elle sait que les réponses sont en elle
Qu'elle doit les chercher sans conditionnel
Et si parfois elle doute un peu
Elle sait qu'elle ne peut se fier à Dieu.

L'eau qui scintille à ses pieds
Réfléchit l'image de ses pensées
Elle lui parle de ses rêves, de ses envies
De tout ce qui lui tient à cœur, de ses défis.

Les vagues qui s'échouent sur la rive
Sont comme ses épreuves, ses dérives
Elles s'abattent sur son corps
Transfigurée, elle en ressort.

Elle devient un félin, prêt à bondir
Fière et droite, les yeux pleins de feu
Elle va se battre avec rage, pour ne jamais faiblir
Rien ne pourra l'arrêter, pas même les cieux.

Toujours en mouvement
Elle va faire triompher son engagement
Pour la liberté et la justice
De toutes celles qui ont été victimes de la milice.

Elle sera une flamme qui ne cessera de brûler
Même dans l'obscurité, elle continuera d'étinceler
Elle sera un oiseau qui ne s'arrêtera de voler
Même lorsque les tempêtes seront déchaînées.

Elle a conscience du combat long
Contre ces politiques caméléons
Mais elle est un torrent de détermination
Et sa résilience est comme une source inépuisable d'inspiration.

Sans formalité

Sans formalité, elle parle
Sans artifice ni masque
Elle livre ses pensées
Brutes, sincères, sans fard.

Elle ne cherche pas à plaire
Ni à jouer un rôle établi
Elle est juste elle-même
Avec ses failles, ses envies.

Elle est libre de s'exprimer
De dire ce qui lui plaît
Sans craindre le jugement
Ou la désapprobation des autres.

Dans cette spontanéité
Elle trouve une liberté rare
Celle de vivre sans contrainte
D'être simplement.

Les clés

Elle a peur de le dire
Une fois de plus
Elle a peur de le ressentir
Une fois encore
Elle a peur de le vivre
Pour une fois.

Elle se cherche
Elle se crispe
Elle s'interroge
Elle se ferme
Elle court après
Elle a peur de s'en emparer.

Elle ne sait plus qui
Elle ne sait plus quoi
Elle ne sait plus où
Elle ne sait plus comment.

Elle imagine sa destinée
Elle cherche le moment
Elle sait que ça ne pourra pas durer
Elle cherche la force pour trouver les clés.

Rêver pour s'évader

Étreinte

L'étreinte de la brise douce et légère
Vient effleurer son visage en prière
Dans l'ombre livide de la nuit
Où les bourrasques se font bruit.

Les feuilles des arbres se balancent en cadence
Au rythme de la brise en transe
Les branches s'entrelacent en frisson
Sous la douceur de cette chanson.

La nuit se pare de son manteau obscur
Où les ombres livides dansent au clair de lune
Le vent souffle et éparpille les brumes
Dans un tourbillon de vie et de lumière.

Les tempêtes emportent avec elles
Les souvenirs et les instants éphémères
Et l'étreinte de brise caresse ses cheveux
Dans un doux murmure, comme un adieu.

Elle se laisse bercer par la danse des ombres
Et les enlacements se multiplient en nombre
Elle écoute les murmures de la nature
Et s'enivre de cette pure beauté.

L'étreinte de la brise la rassure
Apaisant les tumultes de l'infortune
Et sous son effluve enivrant
Elle retrouve la paix dès cet instant.

Indolence

Indolence, douce torpeur
Elle se love dans tes bras moelleux
Tu l'enveloppes de ta langueur
Et tu apaises ses tourments anxieux.

Sous ton voile d'inertie
Elle est bercée par ta quiétude
Tu lui offres une porte de sortie
Face à la pression de la multitude.

Indolence, tu es un baume
Qui guérit ses maux intérieurs
Tu lui enseignes la sérénité
Dans un monde en proie à la périclité.

Tu l'entraînes dans des rêveries
Les soucis s'estompent enfin
Ses pensées s'évadent, ravies
Elle imagine une vie sans fin.

La valise

Elle partit avec une valise vide
Guidée par l'eau limpide
Quand elle arriva
La brume s'estompa
La tour se dessina
Unique vestige de son passé
Elle y monta
Pour y chercher la vérité.

Au loin elle aperçut la ville
S'habillant des lumières de l'été
Jusqu'au soir elle resta immobile
Pour attendre la lune comme juge de paix.

Des heures après, la lune débarqua
Elle la dévisagea
Son reflet la caressa
Et lui demanda d'ouvrir la valise
Elle s'exécuta avec gourmandise
La vie s'y installa
Elle se transforma.

Prophétie

Elle est allée jusqu'au lac
Un besoin irrépressible de vider son sac
En consultant les auspices
Elle a prié pour conjurer le maléfice
Rassurée par la prophétie
Elle court vers sa nouvelle vie.

En arrivant ce dimanche
Comme par magie
Son reflet apparaît sur un bouquet de roses blanches
Elle s'observe et se trouve jolie
Elle ne doute plus de son image
Elle commence son effeuillage
En quittant ses vêtements
Délicatement
Une larme de joie caresse son corps
Sa nudité illumine le décor
Elle s'est délestée de son passé
Pour l'aimer.

Solitaire

Au matin, teinté d'ocre, le ciel la réchauffe
L'environnement soyeux la réconforte
Le moment demeure suspendu
Une odeur exquise flotte dans l'air
Elle pénètre dans son système alvéolaire
Sa solitude est mise à nue.

Elle est heureuse
Grâce à ce mélange majestueux
Sa solitude est ballottée par le vent
Son cœur s'accorde avec ces mouvements
Cette douce euphorie ne dure qu'un temps
Quand le soir tombe
Sa solitude riposte
La lumière s'éteint
Le vide reprend
Seuls les murs la regardent
Elle n'a point de colère
Même si aujourd'hui encore
Personne ne vint à sa rencontre.

Dès lors, elle se laisse emporter dans un tourbillon
Où la musique est son amie
Ses stylos, sa compagnie
Ses livres, son horizon.

Tiédeur

La tiédeur est une sensation délicate
Qui se répand telle une caresse
Un doux équilibre entre chaud et froid
Un état d'esprit paisible et serein.

Un moment de béatitude et de grâce
Où tout est simple et évident
Où la proportion est parfaite
Où elle fond devant tant de volupté.

La tiédeur est comme une brise douce et légère
Qui la transporte vers des contrées lointaines
Un sentiment d'apaisement et de bonheur
Qui l'envahit et l'emporte ailleurs.

La tiédeur, c'est le doux réconfort
D'un feu qui crépite dans l'âtre
Où elle se sent chez soi
Où tout devient plus clair.

La tiédeur, c'est le bien-être qui l'enveloppe
Et lui rappelle la beauté de la vie
Dans un monde souvent trop pressé
Où elle oublie parfois de respirer.

La tiédeur, c'est le juste milieu
Entre le froid qui pénètre son sang
Et la chaleur qui fait frissonner sa peau
Le point d'équilibre de ses sens.

La tiédeur, c'est la douceur d'une journée de printemps
Où tout semble plus vivant
Où elle se laisse entraîner
Vers des possibilités illimitées.

Elle veut

Elle veut être surprise
Dans l'océan de la vie
Comme une étoile dans la nuit
Elle cherche l'inattendu.

Elle veut sentir l'adrénaline
De l'inconnu qui la fascine
Et découvrir chaque matin
Des merveilles qui n'ont pas de fin.

Elle veut voyager vers l'infini
Et se perdre dans l'inédit
Pour s'émerveiller à chaque instant
Et goûter au bonheur en éternelle amante.

Elle veut être éblouie
Par la beauté de la vie
Et voir les couleurs des fleurs
S'envoler dans l'azur.

Elle veut croire en l'impossible
Et trouver le chemin invisible
Celui qui la mène tout droit
Vers les horizons les plus beaux.

Traversée féerique

Dans l'orée d'un songe, là où l'imagination danse
Les rêves d'une femme prennent leur essor en transe
Elle est l'artisane d'un univers féerique
Où spiritualité et enchantement se mêlent en musique.

Dans ses chimères, elle chevauche les étoiles
Sur les ailes d'un dragon, elle s'envole
Elle découvre des contrées inexplorées
Où l'impossible devient réalité dévoilée.

Elle marche sur des chemins phosphorescents
Où fleurissent des jardins éblouissants
Elle plonge dans les océans de cristal
Où les sirènes l'accueillent dans leur chant tribal.

Elle se mue en créature fantastique
Danseuse des vagues, éternelle énigmatique
Dans ses songes, elle est une fée
Qui sait briser les chaînes de la routine
Elle sculpte des montagnes avec sa baguette d'or
Peint le ciel de couleurs jamais encore.

Elle parle aux arbres, aux fées et aux licornes
Leur demandant les secrets des mondes sans bornes
Elle réveille son pouvoir, son essence profonde
De femme rêveuse, connectée à l'onde.

Ses rêves sont des ailes qui la portent
Au-delà des limites, des peurs qui l'emportent
Elle est libre dans l'imaginaire qu'elle tisse
Une alchimiste des rêves, une magicienne complice.

Que chaque nuit soit une traversée féerique
Où ses illusions se déploient avec une musique épique
Et dans son éveil, elle garde cette lueur
Des rêves d'une femme, une source du bonheur.

Pureté

Dans le labyrinthe de l'existence
Elle, noble et intense
Brille telle une étoile filante
Éveillant ses rêves d'amante.

Son regard, profond océan
Révèle une âme, un firmament
Comme une goutte d'eau précieuse
Qui reflète l'azur, gracieuse.

Elle rit avec légèreté
Tel un souffle de pure beauté
Comme une gouttelette de rosée
Sur une tulipe, délicatement posée.

Elle est la source de la vie
Cet humble trésor enfoui
Une goutte d'eau, pure et limpide
Qui désaltère son cœur avide.

Voyager pour (se) découvrir

Olivier

Olivier, noble et majestueux
De tes racines ancrées dans la terre
Offre tes fruits, gorgés d'énergie, de lumière
Ta présence la rend si calme et si sereine.

Tes branches se balancent dans le vent
Tel un ballet gracieux et apaisant
Et sous ton feuillage dense et vert
Elle trouve refuge du soleil brûlant.

Toi le gardien de la terre et des hommes
Symbole de paix et d'abondance
Incarnation de la beauté éternelle
De la valeur persévérance.

Olivier, noble et majestueux
Toi qui domines les collines bleues
Ton manteau gris-vert, doux au toucher
Cache les secrets de ta longue destinée.

Tes racines, solides et profondes
Ont survécu aux siècles
Et ta sagesse, à travers les temps
La guide vers un horizon lointain.

Méditerranée

Les vagues dansent en harmonie
Les rayons du soleil magnifient
L'eau turquoise et argentée
Bien loin du bruit de la cité.

Les senteurs de thym et de lavande
Flottent dans l'air si enivrant
Les palmiers et les pins s'étendent
Sur les plages de sable blanc.

Elle se laisse porter
Par ces flots envoûtés
Elle contemple l'immensité
De ce joyau azuré.

Les odeurs salées
Emplissant ses poumons
Elle se sent pleine de vie
Comme si la mer lui insufflait une nouvelle énergie.

Méditerranée où la vie est un éternel été
Demeure un trésor à jamais.

Notre Terre

En contemplant le ciel
Elle imagine voyager à travers l'univers
Découvrir Uranus, Neptune et Jupiter
Puis revenir sur la belle planète Terre
Y redécouvrir ses charmes, ses plaisirs
Ses habitants, ses montagnes et ses mers.

Elle vogue entre les étoiles
Rêve de nouveaux mondes et rivages
Des galaxies lointaines, aux couleurs chatoyantes
Et des soleils ardents, aux flammes étincelantes.

Mais elle revient toujours sur Terre, son humble demeure
Et elle contemple son paysage, sa nature si flamboyante
Ses montagnes majestueuses, ses mers émeraude
Ses forêts verdoyantes, sa faune merveilleuse.

Elle touche la terre humide
Elle la ressent vibrer
Elle la parcourt de frissons, telles des caresses de soie
Les odeurs l'envahissent, douces et limpides
Elle goûte aux saveurs de la terre, aux fruits sucrés et mûrs
Elle respire l'air pur
En regardant le ciel azur,
Elle se dit que rien n'est plus beau que la vie, sur Terre.

Paris

Dans l'ombre des ruelles pavées
Elle se comprend, désabusée
Paris, la cité des lumières et du bruit
Lui inspirait peu, lui volait sa nuit.

Les avenues bondées, les passants pressés
Elle les fuyait, elle se retirait
Les lumières aveuglantes, les sons assourdissants
La ville la dérobe captive, la ville la prise.

Mais un jour vint, doux et mystérieux
Un moment où tout sembla harmonieux
Elle errait près de la Seine calme
Quand Paris dévoila son charme.

Le Louvre brillait sous la lune
Les toits s'éteignaient comme des dunes
Montmartre envoûtait par sa hauteur
Et la Tour Eiffel étreignait son cœur.

Un souffle de magie dans l'air
Elle ne pouvait le nier, le taire
Paris se dévoilait sous un nouveau jour
Son dédain fondit, son cœur fit un détour.

Les cafés accueillants, les rues étroites
La ville avait désormais une voix
Ses yeux s'emplissaient de chaque détail
Le désamour laissait place à un récit épistolaire.

Paris, jadis rejetée avec froideur
Devenait le tableau de ses douces humeurs
Chaque coin, chaque coin de rue
Portait un bout d'elle, une histoire émue.

Paris est un livre ouvert
Elle l'a enfin compris et découvert
Elle en apprend de plus en plus sur son destin
Elle s'imprègne de son instinct
Paris comme Rome d'une beauté éternelle
Si irrationnelle.

Pyrénées

Elle rêvait de gravir les Pyrénées
De s'élever sur leurs crêtes majestueuses
De sentir le vent fouetter son visage
Et de s'imprégner de leur puissance sauvage.

Elle se lança, guidée par son courage
Vers le sommet de cette montagne vertigineuse
Les parois abruptes se dressaient devant elle
Mais elle ne se laissa pas vaincre par leur âpreté
Elle grimpa, elle lutta, elle se battit sans relâche
Jusqu'à atteindre le sommet, la délivrance ultime.

Elle avait osé escalader
Le gouffre profond qui la faisait trembler
Tout en bravant les lois de la gravité
Et affronter la terrible réalité.

Ses mains tremblaient, son cœur s'emballait
Elle venait d'accomplir l'impossible
La prouesse inégalée
Elle se tenait là, victorieuse.

Racines

Dans les rues de Chignolo d'Isola,

Elle s'imprègne de l'atmosphère
De l'histoire de ce lieu
Elle plonge dans le passé
À la recherche de ses aïeux.

Son cœur bat plus fort, tel un tambour
En elle, ses ascendants font leur retour
Elle ressent leur énergie jaillir
À chaque attache qu'elle noue
À chaque sourire qu'elle croise.

Ses ancêtres ont vécu ici
Ont laissé leur empreinte dans la pierre
Elle se sent tout à coup plus forte
Enracinée dans cette terre.

Dans cette contrée accueillante
Elle fait le lien entre le passé et le présent
Qui s'entrelacent en un seul instant
Pour lui offrir une vision d'antan
Elle éprouve des sensations uniques
Qui résonnent en elle comme une mélodie.

Se passionner pour s'extasier

Le tempo s'élève

Elle s'assoit, guitare en main
Le silence se fait
La lumière sur elle se pose
Tout à coup, ses doigts osent.

Elle caresse les cordes
La musique commence à flotter
Les notes s'envolent dans la salle
Et les âmes se mettent à vibrer.

Ses mouvements sont précis, gracieux
Comme une ballerine sur scène
Elle nous offre un véritable feu d'artifice
Et chaque note devient une peinture.

Elle s'enivre des morceaux, elle s'envole quand le tempo s'élève
Elle est transfigurée, elle est enfin elle-même
Elle ne veut pas que cela s'arrête, elle ne veut pas revenir sur terre
Alors elle joue et chante de plus belle.

Le temps s'écoule, la musique se meurt
Elle range sa guitare
La pièce est emplie d'applaudissements,
Elle leur sourit avec bonheur.

Sur le bon chemin

Elle est une étoile dans le ciel de la vie
Une lumière qui brille de mille feux
Et qui éclaire le chemin des jeunes esprits
Pour les guider vers un avenir radieux.

Elle a choisi de transmettre le savoir et la passion
Pour aider les élèves à construire leur propre vision
Elle s'efforce de leur offrir la clé
Pour qu'ils puissent s'ouvrir à leur destinée.

Elle voit des étoiles dans les yeux des enfants
Quand ils s'enthousiasment
Cela la remplit de joie et de fierté
Car ils sont sur la voie du succès.

Elle sait que chaque vie qu'elle touche
Est une chance de faire une différence
Elle s'y consacre corps et âme
Pour voir s'allumer leur flamme.

Le stylo (part.1)

Sur le rebord de la fenêtre
Un stylo égaré l'attend
Des odeurs flottantes dans l'air
Mélange de parfums, de temps.

Les habitudes sont là
Rythmant le quotidien
Entretenues avec soin
Gestes de politesse, rien de vain.

Une rose se dresse fièrement
Couleur éclatante, beauté saisissante
Égayant le paysage urbain
Dans ce monde ténébreux, réconfortante.

Les émanations de l'été
Se mêlent à celles de l'automne
Des fragrances envoûtantes
Qui captivent et étonnent.

Le stylo, abandonné
Sur ce rebord de fenêtre
Semble attendre un départ
Ou bien peut-être une lettre.

Des pensées se bousculent
Dans sa tête qui s'égare
Des souvenirs qui surgissent
Et un brin de nostalgie qui s'installe.

Mais le stylo, lui, ne bouge pas
Il reste là, immobile
Témoin de ces instants fugaces
Que la plume noircira avec grâce.

Le stylo (part.2)

Les mots coulent sur le papier
Comme une danse enchantée
Une symphonie de lettres
Qui s'entremêle, s'embrasse et disparaît.

Le stylo, fidèle compagnon
Assiste à cette création
Où l'imagination déborde
Et s'évade dans une nouvelle dimension.

Sur le bureau, le temps s'arrête
Seul le grattement de la pointe résonne
Et ses idées jaillissent
Comme une source intarissable.

Le stylo, humble outil
Devient le prolongement de sa main
Les phrases décrivent sa vie
Sur cette page blanche, sans fin.

Mais un jour, le stylo s'arrêtera
Et le silence envahira l'espace
Alors peut-être, un autre prendra sa place
Ou bien sa plume s'éteindra.

Ligne d'arrivée

Elle se lance sur la route
Le souffle court, le pas léger
Elle brave la fatigue qui s'ajoute
Au fil du temps qui s'écoule, sans jamais s'arrêter.

Elle bondit avec ferveur, en quête de délivrance
Du poids de la souffrance, qui pèse sur sa conscience
Le bitume se dérobe sous ses pas rythmés
Elle sait que la sueur la mènera à la destinée.

Le labeur est son quotidien, ses muscles sont tendus
Et les douleurs sont souvent là, pour la rappeler à l'usure
Mais dans chaque foulée, il y a une promesse de bonheur
Celle de voir la ligne d'arrivée, se dessiner.

Elle court pour elle-même, pour prouver qu'elle peut
Dépasser les limites de son corps, et réfréner ses peurs
Dans ce chemin interminable, elle trouve une joie intérieure
Celle qui naît de la persévérance, et de l'accomplissement de soi.

Lorsque finalement, elle franchit la ligne d'arrivée
Toutes les souffrances se transforment en victoire
Le temps n'est plus qu'un souvenir
Et une douce euphorie s'empare d'elle, dans une étreinte enflammée.

Vieillir avant le dernier soupir

Les jours heureux

Elle se met à rire, elle se met à rêver
Des images qui la font vibrer
Elle imagine un destin croisé
Où mille senteurs viennent la caresser.

Elle se remémore les jours heureux
Les sourires et les rires chaleureux
Les moments où tout semblait merveilleux
Elle ne regrette rien, c'est un choix vertueux.

Le destin croisé peut être capricieux
Elle sait que chaque instant précieux
A aidé à la rendre plus courageuse
Elle continue à avancer, confiante et heureuse.

Le temps passé a laissé sa trace
Elle vieillit avec grâce
Sereine face à la mélancolie
Qui parfois la saisit sans préavis
Elle pense aux années qui ont fui
Mais demain est un nouveau récit.

Elle se met à rire encore une fois
Et se perd dans ses souvenirs
Laissant derrière elle les tracas de la vie
Pour se laisser bercer par une douce mélodie.

Sagesse

Vieillir est un voyage qui la transforme
Où le temps s'écoule, mais jamais ne se conforme
Elle est comme un arbre, qui grandit en sagesse
Et qui, chaque jour, appréhende la vie avec finesse.

Petits-enfants, joies de la vie
Vous qui lui apportez des sourires, des envies
Elle aime profiter de chaque instant
Et imaginer ensemble un futur plus grand.

Les années glissent, figées en douce constance
Un cœur serein, délivré des chaînes du temps
Elle goûte chaque éclat, chaque fugace fragrance
S'émerveillant des vies qui s'épanouissent en tourbillons vivants.

Vieillir, c'est se métamorphoser en splendeur renouvelée
C'est comprendre la vie et la manier avec justesse
C'est dévoiler des trésors dissimulés à tout âge
Et trouver en soi une nouvelle essence qui apaise.

Lassitude

Elle a cent ans à présent
Est-ce que cela va durer encore longtemps ?

Ils sont tous partis
Plus personne de familier
Elle en a été tellement meurtrie
Elle s'est déchargée du passé
Pour limiter ses pensées.

Elle ne peut rien modifier
Elle ne ressent pas de nostalgie
Son âme est vieillie
Elle n'a plus de futur
Son cœur est tenu par de multiples points de suture.

Elle ne sait plus ce qu'est l'espoir
Ni vraiment le désespoir
Elle n'a plus de projet
Ni d'être à aimer.

Derrière le rideau
Elle voit son tombeau
Désespérément inoccupé
Les ténèbres si éloignées.

Elle a été oubliée
Punition pour son rêve d'éternité
Ce désir, était-il un péché condamné ?
Rien ne lui a été épargné.

Viendras-tu la libérer ?
Lui permettre d'obtenir ce repos si mérité
Où vas-tu encore te jouer d'elle ?

Elle a cent ans à présent
Est-ce que cela va durer encore longtemps ?

S'éteindre pour mieux rejaillir

Le départ de l'être aimé

Ses pleurs voilèrent la lune
Quand il a quitté son cœur
Laissant derrière lui la brume
Et un goût amer de douleur.

Ses pleurs ont éteint les étoiles
Qui ne brillent plus dans le ciel
Le vent a soufflé si fort
Qu'il a emporté ses appels.

Elle se morfondait dans l'obscurité
Avec pour compagnie
Le souvenir de ses baisers
Quand elle entendit sa voix, lui susurrer
Ne pleure pas, mon amour
Je serai toujours là pour toi
Même si je suis loin ce jour
Mon cœur reste à tes côtés, quoi qu'il en soit.

Chuchotement

Un chuchotement mystérieux
Semble descendre des cieux
Lui demandant de se poser en ce lieu
Elle voit sa vie défiler devant ses yeux.

Sous la voûte céleste, elle s'efforce à inverser le temps
Le chuchotement reprend
Il s'excuse tout haletant
Il se doit d'être transparent.

Sa vie,
Par moments indigestes, la plonge dans le noir
Où apparaissent des cris de souffrance.

Sa vie,
Par moments divine, lui permet de retrouver l'espoir
Elle s'ensevelit de délivrance.

Elle refuse le mutisme captif
Elle aspire à briser le silence oppressant
Elle ne souhaite plus être emprisonnée
Le chuchotement l'encourage à tout déverser
Elle ne veut plus vivre comme un caillou
Pour lui donner du courage, il lui dépose un baiser doux.

Totalement relâchée
Elle se confie à lui
Aucune blessure n'est cachée
C'est si profond, il est si véhément
Que dans l'air flottant des particules d'amour l'inondent

S'ouvre à elle un Nouveau Monde
Son ombre apparaît lui ouvrant ses bras
C'est la fin d'un combat
Elle lui réchauffe son cœur mortifère
Il n'ira pas en enfer
Pour lors sa peur se lasse
En expédiant ses angoisses.

Tout s'accélère,

Les feuilles tournoient
Sa carapace ploie
Le vent se déploie
Son masque choit.

Puis dans le calme,

Elle fusionne avec son ombre
Absorbe les particules
Ajoute des molécules
Et quitte la pénombre.

La mort est comme un pont
Entre deux mondes bien différents
Où l'on peut continuer à vivre
Ou bien disparaître complètement.

Une lente danse

Une lente danse pour l'éternité
Où le temps s'est figé en un dernier souffle
Une vie qui s'envole dans la sérénité
Vers l'horizon infini où tout s'efface et tout se fond en un seul soupir.

Elle a dansé avec grâce et élégance
Sur le parquet de sa vie, en quête de sens et de reconnaissance
Elle a souri à la joie, pleuré à la douleur
Elle a aimé et été aimée, avec passion et ferveur.

Elle a parcouru des chemins tortueux
Dépassé des obstacles dangereux
Elle a traversé des tempêtes et des naufrages
Relevé ses défis avec courage.

Mais maintenant, elle a achevé sa danse
Et elle s'en est allée vers un autre monde
Où les souvenirs et les rêves prennent forme
Et où la paix et la quiétude règnent en maîtres.

Alors, dansons pour elle, cette lente danse
En son honneur, en son souvenir, en sa présence.

Renaître pour mieux comprendre la vie

Cycle éternel

La vie sculpte un cycle immuable
Où mourir et renaître se lient
Tel un astre émergeant, brillant et fier
Qui un jour s'éteindra, emportant son crépuscule.

Mais la mort n'est pas la fin ultime
Car la vie peut réapparaître en prime
Différemment, sous une autre forme
Pour briller de nouveau dans la norme.

C'est ainsi qu'elle avance sur son chemin
Où chaque fin annonce un nouveau destin
Et chaque renaissance est un départ
Vers des horizons inconnus et à part.

Tel un feu follet dans la nuit
Elle se laisse guider par la vie
Chaque mort est un instant éphémère
Un fragment fragile dans notre atmosphère.

Résurrection

Dans le silence de la nuit
Sous le voile de la lune qui luit
La vie reprend ses droits
Dans une accolade qui défie l'espace et ses lois.

La résurrection est en marche
Comme une plante qui renaît de l'écorce parche
Elle surgit de l'obscurité
Pour retrouver la lumière et l'éternité.

Des oiseaux aux ailes étincelantes
S'envolent vers un ciel nouveau, rayonnant
Des fleurs éclosent, de toutes les couleurs
Illuminant la nature de leurs douces odeurs.

Telle la chrysalide qui se transforme en papillon
La vie s'épanouit dans une nouvelle dimension
L'ancienne lointaine et subtile demeure un souvenir
Une toile vierge se tourne l'avenir
Où se dessine une toile blanche sans fin.

TABLE

OUVRAGES DU MÊME AUTEUR

Je t'ai trouvé (trois nouvelles fantastiques), 2013.

Tribulations dans un lycée (pièce de théâtre comique), 2018.

Palette poétique (recueil de poèmes), 2022.